Pebble®
Bilingüe/ Plus
Bilingual

Patrones en la naturaleza/Patterns in Nature

Las estaciones del año/
Seasons of the Year

por/by Margaret Hall

Traducción/Translation: Dr. Martín Luis Guzmán Ferrer
Editor Consultor/Consulting Editor: Dra. Gail Saunders-Smith

Consultor en contenidos/Content Consultant:
Dr. Ronald Browne, Associate Professor of Elementary Education
Minnesota State University, Mankato, Minnesota

press®

Mankato, Minnesota

Pebble Plus is published by Capstone Press,
151 Good Counsel Drive, P.O. Box 669, Mankato, Minnesota 56002.
www.capstonepress.com

1 2 3 4 5 6 13 12 11 10 09 08

Library of Congress Cataloging-in-Publication Data
Hall, Margaret, 1947–
    [Seasons of the year. Spanish & English]
    Las estaciones del año = Seasons of the year / por Margaret Hall.
    p. cm. — (Pebble Plus. Patrones en la naturaleza = Pebble Plus. Patterns in nature)
    Includes index.
    ISBN-13: 978-1-4296-2373-5 (hardcover)
    ISBN-10: 1-4296-2373-X (hardcover)
    1. Seasons — Juvenile literature. 2. Pattern perception — Juvenile literature. I. Title. II. Title:
Seasons of the year. III. Series.
QB637.4.H3518 2009
508.2 — dc22   2008001218

Summary: Simple text and photographs present an introduction to why the seasons change and how seasons
    are a recurring pattern in nature — in both English and Spanish.

Editorial Credits
Heather Adamson, editor; Katy Kudela, bilingual editor; Eida del Risco, Spanish copy editor; Kia Adams,
    designer; Renée Doyle, illustrator; Jo Miller, photo researcher; Scott Thoms, photo editor

Photo Credits
Corbis/Ariel Skelley, 5; Roy Morsch, 13
Peter Arnold/Clyde H. Smith, 1; Peter Frischmuth, 10–11
PhotoEdit, Inc./Dennis MacDonald, 21 (all)
Shutterstock/Andres Rodriguez, cover (sunflowers); Kevin Britland, 9 (right); Konstantin Povod, 15;
    Paul-Andre Belle-Isle, cover (winter scene); Ron Hilton, 9 (left); Telnova Olya, back cover; Weldon
    Schlonegar, cover (autumn highway); WizData, cover (buds), 16–17

Note to Parents and Teachers

The Patrones en la naturaleza/Patterns in Nature set supports national science standards
related to earth and life science. This book describes and illustrates the seasons of the
year in both English and Spanish. The images support early readers in understanding the
text. The repetition of words and phrases helps early readers learn new words. This book
also introduces early readers to subject-specific vocabulary words, which are defined in
the Glossary section. Early readers may need assistance to read some words and to use
the Table of Contents, Glossary, Internet Sites, and Index sections of the book.

Table of Contents

Tabla de contenidos

What Makes the Seasons?

Summer, autumn, winter, and spring. Daylight makes the seasons of the year.

¿Por qué hay estaciones?

Verano, otoño, invierno y primavera. La luz del día marca las estaciones del año.

Light and heat hit the Earth
as it orbits the sun. The Earth
is tilted. The amount of daylight
changes during the year because
of the tilt.

La luz y el calor inciden sobre
la Tierra cuando ésta orbita
alrededor del Sol. La Tierra
está inclinada. La cantidad de
luz del día cambia durante el
año a causa de esa inclinación.

autumn/otoño

winter/invierno

summer/verano

spring/primavera

The sun's light and warmth change
Earth's seasons. Each season has
different weather. Seasons last
about three months.

La luz y el calor del Sol hacen
que cambien las estaciones de
la Tierra. Cada estación tiene
un clima diferente. Las estaciones
duran cerca de tres meses.

The Seasons

Summer has lots of daylight.

The weather is warm.

Your part of Earth tilts

toward the sun in summer.

Las estaciones

En el verano hay muchísima luz

del día. El clima es caluroso.

La parte de la Tierra donde

vives se inclina hacia el Sol

en verano.

Warm summer cools into
autumn. Leaves turn colors
and fall from the trees.
Animals get ready for winter.

El caluroso verano se va volviendo
fresco en el otoño. Las hojas
cambian de color y se caen
de los árboles. Los animales se
preparan para el invierno.

Daylight hours are short in winter. The weather is cold or snowy. Your part of Earth tilts away from the sun in winter.

Las horas de luz del día son cortas en invierno. El clima es frío y nieva. La parte de la Tierra donde vives se inclina en invierno alejándose del Sol.

In spring, daylight hours
get longer again. Leaves
and plants start to grow.
It can be very rainy.

En la primavera, hay más horas
con luz del día. Las hojas y
las plantas empiezan a crecer.
Puede llover mucho.

Seasons aren't the same
everywhere at the same time.
It's summer in the north
when it's winter in the south.

Las estaciones no son iguales en
todas partes al mismo tiempo.
Mientras es verano en el norte,
es invierno en el sur.

North/norte

summer/
verano

winter/
invierno

South/sur

It's a Pattern

Earth always orbits the sun.

Seasons keep changing in the same

pattern. Summer will come again.

Then autumn, winter, and spring.

Se forma un patrón

La Tierra siempre gira alrededor

del Sol. Las estaciones cambian

siguiendo el mismo patrón.

El verano volverá. Luego el

otoño, el invierno y la primavera.

spring/primavera

summer/verano

autumn/otoño

winter/invierno

21

Glossary

autumn — the season when days start to get shorter and cooler

orbit — to travel around an object in space, such as the sun or a planet

pattern — something that happens again and again in the same order

season — a time of the year; most seasons in North America last about 3 months.

spring — the season when days start to get longer and warmer

summer — the season when days are long and hot

tilt — an angle or lean; not straight

winter — the season when days are short and cold

Glosario

la estación — una época del año; la mayoría de las estaciones en América del Norte duran cerca de tres meses.

inclinarse — estar en ángulo o ladeado; no estar recto

el invierno — la estación en la cual los días son cortos y fríos

orbitar — girar en torno a un objeto en el espacio, como el Sol o un planeta

el otoño — la estación en la cual los días se hacen más cortos y el tiempo más fresco

el patrón — algo que sucede una y otra vez en el mismo orden

la primavera — la estación en la cual los días empiezan a ser más largos y templados

el verano — la estación en la cual los días son largos y calurosos

Internet Sites

FactHound offers a safe, fun way to find Internet sites related to this book. All of the sites on FactHound have been researched by our staff.

Here's how:

1. Visit *www.facthound.com*

2. Choose your grade level.

3. Type in this book ID **142962373X** for age-appropriate sites. You may also browse subjects by clicking on letters, or by clicking on pictures and words.

4. Click on the **Fetch It** button.

FactHound will fetch the best sites for you!

Index

Sitios de Internet

FactHound te brinda una manera divertida y segura de encontrar sitios de Internet relacionados con este libro. Hemos investigado todos los sitios de FactHound. Es posible que algunos sitios no estén en español.

Se hace así:

1. Visita *www.facthound.com*

2. Elige tu grado escolar.

3. Introduce este código especial **142962373X** para ver sitios apropiados a tu edad, o usa una palabra relacionada con este libro para hacer una búsqueda general.

4. Haz un clic en el botón **Fetch It**.

¡FactHound buscará los mejores sitios para ti!

Índice